COMMENTAIRE

SUR

LA CHARTE CONSTITUTIONNELLE,

POUR RÉPONDRE

AUX PLAINTES DES LIBÉRAUX

SUR SA PRÉTENDUE VIOLATION ;

PAR

CHARLES DE SAINT-HILAIRE, Fils.

A PARIS,

CHEZ PONTHIEU, LIBRAIRE,

GALERIE DE BOIS, N° 252, PALAIS-ROYAL.

1823.

INTRODUCTION.

Depuis que l'auguste famille des Bourbons a recouvré l'héritage de ses pères, et depuis que le généreux frère de Louis XVI nous a accordé la charte, en montant sur le trône, comme un gage éclatant de la pureté de ses intentions, le parti libéral, ou anarchique (car ces deux épithètes sont maintenant synonymes), le parti libéral, dis-je, ne cesse de crier que la charte est continuellement violée, qu'elle est détruite presque de fond en comble, et sacrifiée entièrement aux passions du parti ultra-royaliste.

Ces plaintes qui ne seraient accueillies que comme de vaines clameurs, si ceux qui les expriment étaient de simples particuliers, doivent nécessairement produire en France et en Europe une impression profonde, quand on les entend retentir dans une enceinte sacrée, où sont réunis des hommes auxquels est confiée la mission la plus honorable et la plus respectable, celle de représenter trente millions d'individus et de défendre et soutenir leurs droits.

Comment penser en effet que les passions et l'esprit de parti puissent se glisser dans le cœur d'hommes choisis, qui sont tous d'un âge où la raison doit avoir toute sa supériorité, et qui, aux leçons de l'expérience, oignent encore les lumières que donne une instruction profonde : en considérant l'importance du caractère politique et même du caractère particulier de ceux qui expriment ces plaintes, on doit croire qu'elles sont fondées, on se refuse à penser qu'elles soient dictées par la passion, et l'homme qui, par l'éloignement où il vit des affaires, n'est pas à même d'apprécier la marche du gouvernement, doit être persuadé que la charte est sacrifiée aux intérêts d'un parti.

Rien pourtant n'est plus faux ; la charte existe, elle est respectée et soutenue par ceux même qu'on désigne comme ses ennemis ; plût à Dieu que ceux qui paraissent en être les plus ardens défenseurs fussent d'aussi bonne foi dans leurs protestations que ceux qui sont l'objet de leurs attaques.

Il s'agit maintenant de prouver que la charte n'a pas été violée, et c'est ce que je vais essayer de faire en la prenant article par article ; s'il s'en trouvait quelqu'un qui le fût aujourd'hui, je le dirais franchement, quand même cette violation tournerait à l'avantage du parti royaliste ; mais cette supposition est entièrement idéale, car le parti royaliste n'est autre chose que le parti du roi, et servir le roi, c'est servir la patrie, et défendre les institutions qu'il lui a données.

COMMENTAIRE

SUR

LA CHARTE CONSTITUTIONNELLE.

ARTICLE PREMIER.

« LES français sont égaux devant la loi ;
« quels que soient d'ailleurs leurs titres et
« leurs rangs. »

Ce principe qui est la base de toute constitution, n'a jamais été aussi scrupuleusement observé qu'aujourd'hui ; et je demanderai à certains grands personnages qui paraissent regretter 1789 et même les années suivantes, si cette égalité n'existait pas plutôt sur les murailles que dans l'intérieur des maisons, à cette époque fameuse que l'on veut encore nous offrir aujourd'hui comme l'heureux moment où la nation française s'est régénérée.

ART. 2. « Ils contribuent indistinctement
« dans la proportion de leur fortune, aux
« charges de l'état. »

Je demanderai encore à ces mêmes personnages, si cette sage répartition existait comme aujourd'hui, dans les temps objet de leurs regrets, et si la proportion leur paraissait aussi exactement établie.

ART. 3. « Ils sont tous également admissi-
« bles aux emplois civils et militaires. »

Personne ne pourra prétendre que cet article

ne soit pas exactement suivi ; parcourez toutes les carrières, examinez tous les employés du gouvernement, depuis les plus hauts dignitaires, jusqu'aux rouages inférieurs, et nulle part vous ne verrez d'autre préférence que celle accordée aux talens et aux services rendus à l'état ; aujourd'hui surtout, car naguères on accordait des préférences qui ont failli nous mener à notre perte, d'après les motifs qui les dirigeaient ; mais ne revenons pas sur le passé, si la faute a été grande, la leçon a été terrible ; je demanderai seulement encore à ces mêmes personnages, si sous le règne de la liberté, où les libéraux appelés alors jacobins, menèrent à la guillotine les royalistes qui ont toujours porté le même nom, je leur demanderai, dis-je, si cet article était fidèlement exécuté.

Art. 4. « La liberté individuelle est également garantie, personne ne pouvant être « poursuivi ni arrêté que dans les cas prévus « par la loi et dans la forme qu'elle prescrit. »

Sous aucun gouvernement, la liberté individuelle n'a été plus respectée qu'elle ne l'est aujourd'hui ; il y a bien des hommes en France qui pourraient servir de preuve à mon assertion ; ils sont tranquillement libres chez eux, quand sous un gouvernement moins indulgent que celui où nous vivons, ils seraient peut-être bien à Vincennes pour leurs discours où leurs écrits politiques.

C'est au respect que l'on a pour la liberté individuelle que l'état peut attribuer les nombreux ennemis qui l'attaquent journellement ; en effet, ne sommes-nous pas inondés des écrits de milliers de Thersites politiques, qui garderaient un

(7)

lâche silence, s'il y avait le moindre danger à
courir, et qui n'ont fondé leur insolence que sur
la bonté du roi.

ART. 5, 6 et 7. « Chacun professe sa reli-
« gion avec une égale liberté ; et obtient pour
« son culte la même protection.

« Cependant la religion catholique, apos-
« tolique et romaine, est la religion de l'état.

« Les ministres de la religion catholique,
« apostolique et romaine, et ceux des autres
« cultes chrétiens reçoivent seuls des traite-
« mens du trésor royal. »

Personne, je pense, ne pourra trouver que la
charte soit violée dans aucun de ces trois articles
que j'ai réunis comme ayant rapport au même sujet ; toutes les religions sont libres ; celle de l'état
est honorée comme elle doit l'être, mais elle est
loin d'être avantagée par le gouvernement, puisque le traitement des ecclésiastiques catholiques
est moindre que celui des ministres protestans ;
et en outre, les premiers sont continuellement en
butte aux outrages et aux attaques des libéraux,
au lieu que ces derniers ne sont insultés, ni par
les jacobins qui ont réservé toute leur haine pour
la religion catholique, ni par les royalistes qui se
conforment religieusement à l'esprit de la charte,
et respectent tous les cultes reconnus et protégés
par le roi.

ART. 8. « Les Français ont le droit de pu-
« blier et de faire imprimer leurs opinions
« en se conformant aux lois qui doivent ré-
« primer les abus de cette liberté. »

S'il existe un article de la charte qui ait été violé

c'est peut-être celui-ci, mais par qui l'a-t-il été?
Sont-ce les royalistes ou les libéraux qui ont forcé
le gouvernement à établir temporairement la cen-
sure pour comprimer les flots d'écrits séditieux qui
inondaient les villes et les campagnes? Dans quels
rangs doit-on chercher les auteurs de ces pages
incendiaires qui ont rendu nécessaire une loi
vigoureuse sur la liberté de la presse? si ce n'est
pas le parti royaliste qui s'est rendu coupable de
pareils excès, c'est alors le parti libéral, et c'est
donc lui qui a violé la charte en dépassant la latitude accordée par l'article 8.

Art. 9. « Toutes les propriétés sont invio-
« lables, sans aucune exception de celles
« qu'on appelle nationales, la loi ne mettant
« aucune différence entre elles.

Cet article qui consolide de la manière la plus
franche et la plus solennelle la vente des biens
nationaux, n'a pas empêché les libéraux de répandre d'atroces calomnies sur tous les points de
France; leurs chefs qui pour la plupart ne doivent
leur fortune et leur importance qu'à la manière
commode qu'offrait la terreur de s'enrichir sans
beaucoup de frais, ces chefs, dis-je, loin d'être
reconnaissans de l'extrême bonté du roi qui leur
laissait leurs propriétés lorsqu'en 1814, et surtout
en 1815, il pouvait les en chasser ignominieuse-
ment, ont témoigné de fausses craintes pour eux-
mêmes, afin de répandre une véritable terreur
dans la classe nombreuse des petits acquéreurs
de biens nationaux qui par leur position morale,
sont toujours aux aguets et ne peuvent reposer
avec une parfaite sécurité.

Je ne prétends pas par là que l'on puisse revenir un jour sur les ventes nationales, loin de moi une telle pensée, je croirais trahir le roi et même l'insulter, si je mettais en doute l'inviolabilité de sa parole royale ; il a reconnu ces ventes, les a consacrées par sa charte, donc elles sont aujourd'hui légitimes, et le souverain a fait pour la sûreté des acquéreurs tout ce qu'un homme pouvait faire, mais il n'a pu faire plus.

Les possesseurs des biens des émigrés ont obtenu de la charte la légitimité civile, mais rien ne peut leur donner la légitimité morale, parce que ce n'est qu'au tribunal de la conscience qu'on peut l'obtenir, et ce juge sévère que la Providence a placé en nous-mêmes, est comme son créateur, inaccessible aux passions, et écartant toutes les considérations humaines, condamne ce qui est injuste.

Les acquéreurs des biens nationaux n'ont jamais été plus en sûreté qu'aujourd'hui, et cependant ils sont dans la classe des mécontens ; pourquoi ? Parce que leur conscience n'oublie pas ce que les hommes ont oublié ; leurs propriétés sont aussi légitimes qu'un bien patrimonial ; la charte ne laisse aucun doute à cet égard ; et cependant un bien national de cette dernière origine se vendra moitié moins à valeur égale, qu'un autre dont la source serait plus pure. Mais est-ce la faute de la charte et de son auteur ?

Il faut considérer cette balance comme une compensation établie par la Providence pour consoler les victimes de la révolution. En effet, que resterait-il au malheureux émigré qui, après trente ans d'absence, est rentré pauvre en France, mais toujours fidèle à l'honneur, s'il voyait le possesseur de ses biens entouré de la même considération que lui?

De toute notre fortune, il ne nous reste, à nous autres royalistes, que le souvenir du temps passé, l'estime publique et l'honneur; les enfans de la révolution ont le reste, qu'ils le gardent, mais qu'ils n'espèrent pas nous ravir ces précieux débris.

ART. 10. « L'état peut exiger le sacrifice « d'une propriété pour cause d'intérêt pu- « blic légalement constaté, mais avec une in- « demnité préalable. »

Cet article de la charte est ponctuellement exécuté, et le gouvernement qui, pour l'utilité et l'embellissement de Paris, a été obligé de faire des acquisitions considérables, a toujours dédommagé les propriétaires d'une manière à leur ôter tous sujets de plainte.

ART. 11. « Toutes recherches des opinions « et votes émis jusqu'à la restauration sont « interdites; le même oubli est commandé « aux tribunaux et aux citoyens. »

Cet article qui est un monument de la clémence du roi, loin d'avoir été violé, a reçu plutôt une extension qui nous a été funeste, car combien d'hommes anti-monarchiques se sont trouvés au timon de l'état qui n'en eussent jamais approché, si l'on n'avait pas oublié leurs votes et leurs opinions à une époque désastreuse qui a suivi la restauration.

Le roi ne pouvait-il pas, sans blesser la charte,

rechercher les hommes qui dans les cent jours avaient voulu déclarer les Bourbons incapables à jamais de gouverner la France, et qui trahissant leur patrie et leur souverain, volaient au devant de l'usurpateur, tout couverts encore des marques d'estime et de confiance d'un Bourbon.

Au lieu d'écouter la voix sévère de la justice, le roi n'a consulté que sa clémence, et loin de mettre les traîtres en jugement, a rendu à la plupart leur rang politique et leurs honneurs; mais comment croire que ces mêmes hommes qui devraient bénir un gouvernement aussi doux, soient les premiers à l'attaquer et à crier au despotisme?

Valeureux champions de la liberté, qui vous montrez aujourd'hui les défenseurs si zélés des prérogatives du peuple, que faisiez-vous pendant le long despotisme de Buonaparte? Qui donc vous empêchait d'attaquer la tyrannie impériale? Regardiez-vous son gouvernement comme populaire et constitutionnel? Étiez-vous satisfaits par hasard des garanties qu'avait le peuple avec lui pour sa liberté individuelle et politique? Mais non, je ne puis le croire, car si sous le règne des Bourbons vous montrez tant d'inquiétude sur le renversement de la charte; si vous semblez prévoir le prochain renversement du pacte qui existe entre le peuple et le souverain, et le prompt retour de la monarchie absolue, vous deviez être plongés dans la douleur et la consternation en voyant le despotisme militaire sous lequel la France gémissait. Quelle honte en effet de voir un soldat de fortune anéantir en si peu de temps une liberté qui avait coûté des flots de sang à établir! Vous

vous taisiez cependant ; ni la tribune, ni les journaux, ni les presses, ni même les salons n'ont jamais retenti d'aucune plainte de votre part ; le peuple français qui trouve aujourd'hui dans vos rangs des milliers d'avocats, n'en comptait pas un seul à cette époque désastreuse où les plus courageux d'entre vous se risquaient jusqu'à garder un absolu silence, et encore étaient-ils regardés comme des imprudens de ne pas encenser l'idole.

C'était donc la crainte de ce château qui est dans la direction de Villejuif (ainsi que le désignait Buonaparte), qui retenait vos généreux efforts ; mais si c'est un tel motif qui vous a forcés à garder un silence aussi long, vous me permettrez alors de dire que la liberté est aujourd'hui plus étendue que sous l'empire ; car, depuis la restauration, vos langues ne sont pas restées muettes et se sont amplement dédommagées de la longue contrainte qu'elles ont eu à souffrir. Vous attaquez journellement le gouvernement avec une hardiesse qui pourrait presque vous faire honneur, si malheureusement on n'avait pas la certitude que vous pouvez le faire sans crainte ; mais que le roi mettant de côté sa douceur, ne veuille plus écouter que sa justice, qu'il suive ponctuellement la charte, et en vertu de l'art. 11, il pourra poursuivre et punir ceux qui abusant de sa bonté, insultent son gouvernement par leurs déclamations et leurs écrits séditieux.

Art. 12. « La conscription est abolie. Le « mode de recrutement de l'armée de terre « et de mer est déterminé par une loi. »

Cet article de la charte est exécuté fidèlement,

le recrutement s'opère en France dans une proportion qui ne nuit ni à l'agriculture ni au commerce, et n'enlève véritablement que l'excédant de la population ; mais dans tous les cas , si le mode du recrutement paraissait porter quelque atteinte à cet article , qui a proposé la loi qui le règle postérieurement ? Est-ce le parti libéral ou le parti royaliste ?

Art. 13. « La personne du roi est inviolable « et sacrée, ses ministres sont. responsables , « au roi seul appartient la puissance exécu- « tive. »

De tous les articles de la charte, c'est celui-ci, je crois, auquel ses prétendus défenseurs tiennent le moins. Les libéraux ont de la peine à considérer la personne du roi comme inviolable et sacrée, et ils nous ont donné une preuve éclatante de ce que j'avance, quand un de leurs chefs n'a pas craint de dire à la tribune que *la France n'avait vu qu'avec répugnance les Bourbons rentrer en France ;* et qu'un autre nous a proposé *l'insurrection comme le plus saint des devoirs.* Le premier a voulu nous montrer les enfans de saint Louis comme indignes de notre confiance, et le second, par une conséquence toute naturelle, nous a proposé de les expulser du trône de leurs pères.

Je le demande maintenant, ces hommes imprudens ont-ils respecté la charte en émettant des opinions aussi révolutionnaires ? Se sont-ils pénétrés de ce que prescrit l'art. 13 qui nous montre la personne du roi comme inviolable et sacrée ? Non certes, ils ne l'ont pas fait : loin de respecter l'ouvrage du souverain, ils ont voulu renverser l'auteur lui-même ; ils ont abusé de la confiance de leurs mandataires ; ils ont violé enfin la loi fondamentale de l'état, eux qui sont là pour la défendre et la maintenir ; et c'est dans le code pénal qu'il faut chercher le châtiment qui leur convient.

Quant à la responsabilité des ministres, les attaques violentes auxquelles ils sont journellement en butte, prouvent bien que cette disposition de la charte n'est pas tombée en désuétude.

Art. 14. « Le roi est le chef suprême de l'é-
« tat, commande les forces de terre et de
« mer, déclare la guerre, fait les traités de
« paix, d'alliance et de commerce, nomme à
« tous les emplois d'administration publique,
« et fait les règlemens et ordonnances néces-
« saires pour l'exécution des lois et la sûreté
« de l'état. »

D'après cet article, qui n'est que la conséquence du précédent, par lequel le roi s'est réservé la puissance exécutive, il est clair que personne n'a le droit de s'ingérer dans les actes de l'administration, et ceux qui abusent de l'indépendance de la tribune pour attaquer et censurer le choix du souverain, violent la charte d'une manière manifeste.

Art. 15. « La puissance législative s'exerce
« collectivement par le roi, la chambre des
« pairs et la chambre des députés des départe-
« men s. »

Cet article de la charte est fidèlement exécuté, aucune loi n'a vigueur en France, qu'elle n'ait été préalablement approuvée par les deux chambres et sanctionnée par le roi.

Art. 16. « Le roi propose la loi. »

Donc c'est au roi qu'appartient l'initiative royale, et c'est violer la charte que de vouloir contester ce droit de la prérogative royale. C'est pourtant ce qu'ont voulu faire quelquefois certains membres du côté gauche, et ce que n'a jamais tenté aucun membre du côté droit; ce sont toujours les royalistes qui respectent la charte, eux que l'on désigne comme ses ennemis, et ce sont ses prétendus défenseurs qui la violent toutes les fois que l'intérêt de leur parti le demande.

Art. 17. « La proposition de la loi est portée, « au gré du roi, à la chambre des pairs ou à « celle des députés, excepté la loi de l'impôt, « qui doit être adressée d'abord à la chambre « des députés. »

Cet article laissant au roi la latitude de commencer par telle chambre qui lui plaît, ne peut par conséquent devenir susceptible d'être violé; quant à la loi sur l'impôt, l'initiative appartient à la chambre des députés, et c'est avec justice, puisque ces derniers représentent les contribuables, les payeurs en un mot.

Depuis la restauration, toutes les lois sur l'impôt ont été exactement présentées d'abord à la chambre des députés, et jamais celle des pairs n'a eu l'initiative sur les objets de cette nature, donc la clause obligatoire de l'article 17 est scrupuleusement suivie.

Art. 18. « Toute loi doit être discutée et

« votée librement par la majorité de chacune
« des deux chambres. »

Cet article est encore un de ceux qui, loin d'a-
voir été violé par le gouvernement a plutôt reçu
une extension funeste ; je conviens bien qu'il faut
que les délibérations soient libres pour qu'elles
soient valables, et toute représentation nationale
qui n'aurait pas une semblable garantie serait il-
lusoire comme du temps de la révolution et sous
l'empire. Mais entre ces deux extrémités il existe
un juste milieu de la ligne duquel, il serait pru-
dent de ne jamais dévier, et malheureusement,
on s'en écarte journellement d'une manière scan-
daleuse ; quand nous entendons certains membres du côté gauche profiter de l'indépendance
de la tribune, pour faire des sorties indécentes
contre le gouvernement, ou des provocations imprudentes, pensent-ils user seulement du bénéfice de l'article 18 ? ils font plus certainement, ils
en abusent, et même d'une manière qui devrait
être réprimée ; donc ils violent la charte, car
donner à une loi plus d'extension qu'elle n'en
comporte, ou profiter de la latitude qu'elle vous
accorde pour en prendre une plus étendue et en
faire un usage dangereux, c'est la violer.

Art. 19. « Les chambres ont la faculté de
« supplier le roi de proposer une loi sur
« quelqu'objet que ce soit, et d'indiquer ce
« qui leur paraît convenable que la loi con-
« tienne. »

Cet article de la charte, qui prouve le désir
qu'a le roi de faire le bonheur de son peuple, en
mettant les chambres à même de lui communi-

quer leurs idées pour l'accroître encore, est toujours en pleine vigueur ; et si un pair ou un
député propose à ses collègues un projet de loi
dont les résultats soient avantageux pour la
France, et que ce projet soit soumis au roi après
les formalités voulues par la charte, je suis persuadé qu'il le sanctionnera, non seulement sans
difficulté, mais encore avec plaisir.

ART. 20 et 21. « Cette demande pourra être
« faite par chacune des deux chambres, mais
« après avoir été discutée en comité secret ;
« elle ne sera envoyée à l'autre chambre par
« celle qui l'aura proposée qu'après un délai
« de dix jours. »

« Si la proposition est adoptée par l'autre
« chambre, elle sera mise sous les yeux du
« roi ; si elle est rejetée, elle ne pourra être
« représentée dans la même session. »

Ces deux articles qui ne sont que pour déter-
miner le mode que doivent employer les chambres, lorsqu'elles veulent profiter du bénéfice de
l'article 19, ne sont pas violés, et ne sont pas
même susceptibles de l'être.

ART. 22. « Le roi seul sanctionne et promul-
« gue la loi. »

« Cet article, qui est une conséquence de l'ar-
« ticle 13, par lequel le roi s'est réservé la puis-
« sance exécutive, ne pourrait pas être violé, sans
« que la monarchie fût préalablement renversée ;
« mais comme elle est forte et respectée, aujour-
« d'hui surtout plus que jamais, l'article 22 de
« la charte ne peut recevoir aucune atteinte. »

Art. 23. « La liste civile est fixée pour toute
« la durée du règne, par la première législa-
« ture assemblée depuis l'avénement du roi.»

D'après cet article, il est clair que la liste civile a été fixée à la première session qui a été
tenue lors de la restauration, pour toute la durée
du règne ; donc il n'est pas permis de mettre en
délibération ce chapitre de dépense ; voilà pourtant ce que veulent faire presque tous les ans les
prétendus défenseurs de la charte, qui ne crai-
gnent pas de la violer, toutes les fois que l'intérêt
de leur parti ou l'amour du scandale les y portent,
et qui représentent toujours la dotation de la couronne comme excessive et onéreuse au peuple.

DE LA CHAMBRE DES PAIRS.

Art. 24. « La chambre des pairs est une
« portion essentielle de la puissance légis-
« lative. »

Le roi par cet article a arrêté d'une manière
fixe, quelle devait être l'importance politique
de la chambre des pairs, et dans quelle proportion elle devait contribuer au gouvernement monarchique.

Art. 25. « Elle est convoquée par le roi en
« même temps que la chambre des députés
« des départemens ; la session de l'une com-
« mence et finit en même temps que celle de
« l'autre. »

Cet article qui ne doit être regardé que comme
un réglement, n'est pas susceptible d'être violé,
et ne le sera pas plus que tous ceux dont la stricte

exécution dépend du gouvernement seul, qui a
pour la charte un respect qu'il serait à désirer de
voir partagé par le parti décoré du nom de libéral.

Art. 26. « Toute assemblée de la chambre
« des pairs qui serait tenue hors du temps de
« la session de la chambre des députés, ou
« qui ne serait pas ordonnée par le roi, est
« nulle et illicite de plein droit. »

Cet article contient deux chefs, le premier,
dont l'exécution dépend du roi seul, et celui-là
sera toujours religieusement observé; l'autre, peut
être violé par une rébellion quelconque, et c'est
ce qui est arrivé dans les cent jours, où une chambre des pairs, dans laquelle figuraient plusieurs
pairs nommés par le roi, s'est réunie d'après la
convocation de Buonaparte et malgré la protesta-
tion du souverain légitime, qui par une ordonnance royale, avait dissous les chambres avant
de quitter Paris, et avait ajourné leur réunion.

Donc ceux qui, au mépris de cette ordonnance,
ont répondu à l'appel de Buonaparte, ont violé
la charte dans son article 26, donc ils se sont
rendus coupables de rébellion contre le souverain, et s'ils n'ont pas été poursuivis avec toute
la rigueur des lois, ils ne le doivent qu'à l'indulgence du roi, et à sa clémence inépuisable, et
c'est une grâce exemplaire que le souverain leur
a faite, quoique ce mot ait choqué extraordinai-
rement certains membres du côté gauche qui pré-
tendaient considérer leur rétablissement dans tous
leurs droits et honneurs comme un simple acte
de justice.

Art. 27. « La nomination des pairs de
« France appartient au roi, leur nombre est
« illimité, il peut en varier les dignités, les
« nommer à vie, ou les rendre héréditaires
« selon sa volonté. »

Cet article qui est une émanation de la puissance royale, n'est susceptible d'aucun change-
ment, aucune atteinte ne pourrait lui être portée
sans entraîner le renversement de la monarchie.

Art. 28 et 29. « Les pairs ont entrée dans la
« chambre à vingt-cinq ans, et voix délibéra-
« tive à trente ans seulement. »

« La chambre des pairs est présidée par le
« chancelier de France, et en son absence par
« un pair nommé par le roi. »

Ces deux articles qui sont purement un réglement de forme n'ont été sujets à aucune violation, et s'exécutent toujours tels qu'ils sont pres-
crits par la charte.

Art. 30. « Les membres de la famille royale
« et les princes du sang sont pairs par le droit
« de leur naissance ; ils siègent immédiate-
« ment après le président, mais ils n'ont voix
« délibérative qu'à vingt-cinq ans. »

Cet article est encore de forme, comme les
deux précédens, et ne peut être violé sous aucun
rapport.

Art. 31. « Les princes ne peuvent prendre
« séance à la chambre que de l'ordre du roi
« exprimé pour chaque session par un mes-
« sage, à peine de nullité de tout ce qui au-
« rait été fait en leur présence. »

Cet article, comme tous ceux dont l'exécution entière dépend du roi et de son gouvernement, n'a pas reçu la moindre atteinte, et nous n'avons pas à craindre qu'il soit jamais violé ; les personnages augustes que ce paragraphe regarde particulièrement, connaissent trop l'étendue de leurs devoirs, pour donner à la France l'exemple de la résistance aux ordres du souverain ; placés sur les degrés du trône, ce sont eux qui en sont les plus fidèles sujets.

Art. 32. « Toutes les délibérations de la « chambre sont secrètes. »

La disposition prescrite par cet article, qui convient parfaitement à la dignité et à l'organisation aristocratique de la chambre des pairs, est exactement suivie, et plus nous avançons dans le système représentatif, plus nous devons applaudir à la sagesse du roi qui n'a pas permis la publicité des délibérations de la chambre des pairs, quoique en dise monsieur le comte M... qui paraît la désirer ; loin de souhaiter cette publicité pour la chambre des pairs, on désirerait plutôt qu'elle fût ôtée à l'autre chambre d'après les opinions imprudentes qui s'y expriment et retentissent sur tous les points de la France.

Art. 33. « La chambre des pairs connaît les « crimes de haute trahison et des attentats à « la sûreté de l'état qui seront définis par la « loi. »

On n'a pas porté la moindre atteinte à cet article, qui prouve combien le souverain veut que la loi soit strictement exécutée, en donnant pour juges à ceux qui conspirent contre lui, une réunion d'hommes aussi respectables , qui, par l'importance de leur caractère politique, sont entièrement indépendans , et qui , d'après leur caractère personnel , doivent être inaccessibles aux passions.

Art. 34. « Aucun pair ne peut être arrêté « que de l'autorité de la chambre , et jugé que « par elle en matière criminelle. »

La clémence du roi a empêché que l'on eût plusieurs preuves que cet article de la charte était exécuté fidèlement.

DE LA CHAMBRE DES DÉPUTÉS DES DÉPARTEMENS.

Art. 35. « La chambre des députés sera « composée de députés élus par les colléges « électoraux dont l'organisation sera déter- « minée par une loi. »

Cet article est une réfutation victorieuse de toutes les plaintes faites par les libéraux sur la prétendue violation de la charte qui a été foulée aux pieds, disent-ils, le jour où la loi des élec- tions, qui nous a amené Grégoire au sein des représentans du peuple français, a été changée contre une autre dont le résultat a été de nous donner une majorité monarchique.

Quand même la charte aurait arrêté d'une ma- nière fixe le mode d'élection , il aurait fallu néanmoins le changer, quitte à être accusé avec fondement d'avoir violé la charte , car une loi qui donnait les assassins de Louis XVI pour collaborateurs à Louis XVIII , était insoutenable et incompatible avec la monarchie.

Mais pour remédier à un mal aussi dangereux , il n'a pas été besoin d'en venir à une extrémité aussi fâcheuse, puisque l'article 35 dit que *le mode d'élection sera réglé par des lois.*

Une a d'abord été adoptée, le roi a vu qu'elle ne remplissait pas le but qu'il s'en était proposé, et que, loin de fortifier le gouvernement, elle le ruinait au contraire ; il a proposé alors aux chambres, avec toutes les formalités voulues par la charte, une nouvelle loi d'élections, qui fût plus en harmonie avec la monarchie : cette loi a été adoptée par les chambres , sanctionnée et promulguée par le roi, donc elle est régulière, et ne peut, sous aucun rapport , être regardée comme une violation de la charte qui avait laissé à cette occasion une sage latitude.

Art. 36. « Chaque département aura le « même nombre de députés qu'il a eu jusqu'à « présent. »

Voici un article de la charte qui a reçu plusieurs changemens, puisque le nombre des députés, qui avait été réduit à 258 par l'ordonnance royale du 27 novembre 1816, a été augmenté de 172 par la dernière loi sur les élections. Reste à savoir maintenant si une modification est une violation ; je pense le contraire, et je crois que ceux qui feront à ce sujet de sérieuses réflexions, seront de mon avis.

Le roi nous a donné la charte ; elle est conçue avec toute la perfection dont la sagesse humaine est capable ; mais il ne s'en suit pas pour cela

que des circonstances imprévues ne puissent pas
y nécessiter quelques changemens ; il faudrait
qu'elle fût l'ouvrage d'un Dieu, pour qu'elle eût
prévu tous les cas, et comme le livre de l'avenir
n'est pas ouvert pour les mortels, il s'en suit que
leurs ouvrages se ressentent de cette incertitude
où ils sont sur les temps futurs.

Le roi par sa charte avait primitivement dé-
claré que le nombre des députés serait égal à
celui qui existait sous l'empire ; plus tard, considérant que le territoire français était moins
étendu, il crut nécessaire d'en réduire le nombre
à 258 ; mais l'expérience lui ayant démontré que
cette mesure, loin d'être favorable à la monarchie, lui était au contraire funeste, il a fait aux
deux chambres la proposition de porter les députés au nombre de 430..Ces deux corps, pénétrés
de la pureté de ses intentions, et entrant d'ailleurs
dans ses vues bienfaisantes, ont adopté le projet
de loi qui, revêtu de la sanction royale, a eu dès
ce moment force de loi.

Voilà comme a été modifiée la loi sur les élections, elle l'a été régulièrement ; le gouvernement, pour y parvenir, a suivi la marche voulue
par la charte, donc il n'y a pas eu violation ; en
effet, il serait ridicule et injuste de vouloir regarder .
la modification d'un article comme le renversement
total de l'édifice social ; tout ce qui est l'ouvrage de
l'homme est susceptible de changemens ; à l'éternel
seul appartient de faire des lois immuables.

ART. 37. « Les députés seront élus pour
« cinq ans, et de manière que la chambre

« soit renouvelée chaque année par cin-
« quième. »

Cet article, n'ayant reçu aucune modification,
s'exécute toujours selon sa forme et teneur.

Art. 38. « Aucun député ne peut être ad-
« mis dans la chambre s'il n'est âgé de qua-
« rante ans, et s'il ne paye une contribution
« directe de mille francs. »

Cet article, dont le but était d'avoir des gens
sans passions pour représentans du peuple, en
ne les choisissant que parmi des hommes dont
l'âge et la position civile leur permissent de faire
usage de leur raison ; cet article, dis-je, n'a pas
produit l'effet que l'on en devait attendre ; la
tribune est souvent convertie en arène, et les
hommes sages et prudens ont la douleur de voir
les disputes remplacer les discussions, et les per-
sonnalités prendre la place des répliques ; quelles
sont les suites de cette conduite indigne des députés ? c'est que les duels sont la conséquence nécessaire de cet oubli de leurs devoirs ; et pour des
discussions politiques qui devraient être traitées
avec gravité, nous voyons nos représentans les
terminer entre eux comme de jeunes officiers
finissent une querelle de café.

Que les députés ne perdent donc jamais de vue
l'importance de leurs fonctions ; qu'ils se rappel-
lent toujours qu'ils sont là pour donner l'exemple
aux Français. Si les législateurs eux-mêmes se
permettent de violer la loi d'une manière aussi
manifeste en se battant entre eux, comment
pourra-t-on persuader à la jeunesse que ce moyen
de vider une querelle est barbare et anti-social,

et que c'est un acte insurrectionnel contre la loi, par lequel on affiche une espèce de souveraineté insultante pour l'autorité royale.

Art. 39. « Si néanmoins, il ne se trouvait « pas dans le département cinquante person- « nes de l'âge indiqué, payant au moins mille « f ancs de contributions directes, leur nom- « bre sera complété par les plus imposés au- « dessous de mille francs, et ceux-ci pour- « ront être élus concurrement avec les au- « tres. »

Cet article, qui ne contient qu'une disposition particulière, n'est pas susceptible d'être enfreint.

Art. 40. « Les électeurs qui concourent à la « nomination des députés, ne peuvent avoir « droit de suffrage, s'ils ne payent une con- « tribution directe de trois cents francs et « s'ils ont moins de trente ans. »

Cet article n'ayant reçu aucune modification par la nouvelle loi sur les élections, s'exécute toujours tel qu'il est prescrit.

Art. 41. « Les présidens des colléges élec- « toraux seront nommés par le roi, et de « droit membres du collége. »

Cet article est une suite de la puissance exécu- tive réservée par le roi, qui lui donne la latitude de porter au rang des électeurs ceux qu'il désigne comme présidens du collége ; en effet, il est cer- tain que l'homme qui possède la confiance du souverain au point d'être choisi par lui pour pré- sider un collége électoral, n'a pas besoin des deux garanties voulues par la loi pour pouvoir donner son vote.

ART. 42. « La moitié au moins des députés « sera choisie parmi des éligibles qui ont leur « domicile politique dans le département. »

Voici un article qu'il serait à désirer qu'on modifiât. Si les électeurs étaient tenus de choisir leurs députés dans les éligibles de leurs départemens (ce qui serait beaucoup plus naturel , et éviterait le désagrément qui peut se rencontrer quelquefois, que l'intérêt particulier d'un député se trouve en opposition avec celui de ses commettans), les factions auraient bien moins de latitude pour faire nommer leurs créatures ; car tel député qui ne serait pas élu dans son département , parce qu'il y est trop connu, le serait dans un département étranger où l'on n'est frappé que de son nom qui vaut mieux quelquefois que sa personne ; ensuite on propose le même individu dans différens colléges , et dans le nombre, il s'en trouve toujours quelqu'un où la brigue a l'avantage.

Je désirerais que chaque député fût choisi dans le département où il réside , dans celui enfin où il est connu ; il arriverait de là que les électeurs, et surtout ceux de la campagne , agiraient en connaissance de cause , et ne nommeraient pour leurs représentans que des hommes dont l'opinion serait conforme à la leur.

ART. 43. « Le président de la chambre des « députés est nommé par le roi sur une liste « de cinq membres présentée par la chambre. »

Cet article s'exécute toujours exactement , la

chambre choisit cinq candidats à la pluralité des voix , et le roi nomme celui qui lui convient.

Art. 44. « Les séances de la chambre sont « publiques, mais la demande de cinq mem- « bres suffit pour qu'elle se forme en comité « secret. »

Cet article prouve bien que les royalistes ne sont pas ennemis de la publicité des discussions , comme leurs adversaires voudraient le faire croire, car jamais aucun membre du côté droit n'a pro- fité du bénéfice de l'art. 44 pour faire cesser la séance publique.

Tout en rendant justice à la pureté des inten- tions de la majorité qui ne veut pas abuser de sa supériorité pour étouffer les débats , je désirerais cependant qu'elle se servît de ce moyen pour ar- rêter les déclamations imprudentes de certains membres du côté gauche, et de même qu'un tri- bunal juge à huis clos un procès contre les mœurs, de même la chambre se formerait en comité se- cret pour entendre les sorties indécentes et dan- gereuses de l'opposition. Je crois que ce serait un assez bon moyen pour arrêter l'ardeur des libé- raux à faire du scandale , et je suis persuadé qu'ils réduiraient beaucoup les écarts de leur élo- quence, s'ils étaient menacés de suite du comité secret.

Art. 45. « La chambre se partage en bu- « reaux pour discuter les projets qui lui ont « été présentés de la part du roi. »

Cet article est un simple règlement, qui n'est

pas susceptible d'être violé, et qui dans tous les cas, ne pourrait pas l'être par le gouvernement.

Art. 46. « Aucun amendement ne peut être « fait à une loi, s'il n'a été proposé ou con- « senti par le roi, et s'il n'a été envoyé et dis- « cuté dans les bureaux. »

La nature d'un amendement étant de modifier une loi, il est nécessaire que les trois pouvoirs réunis coopèrent à son admission, mais cette formalité une fois remplie, il est régulier et a force de loi; et c'est pour cette même raison qu'un amendement à la charte approuvé par les deux chambres et sanctionné par le roi ne la viole en aucune manière, puisque le gouverne- ment ne fait qu'user en cela de cette même charte qui est susceptible d'être perfectionnée comme toute autre institution humaine.

Art. 47. « La chambre des députés reçoit « toutes les propositions d'impôts; ce n'est « qu'après que ces propositions ont été admi- « ses qu'elles peuvent être portées à la cham- « bre des pairs. »

Cet article qui est une espèce d'ampliation de l'article 17 est un effet de la justice du roi qui a voulu que les charges du peuple fussent pesées et examinées par ceux qui y paticipent principale- ment, et dont les fonctions consistent à défendre les intérêts de leurs mandataires.

Art. 48. « Aucun impôt nepeut être établi « ni perçu, s'il n'a été consenti par les deux « chambres, etsanctionné par le roi. »

Par cet article qui subordonne l'établissement de tout impôt à l'approbation des deux chambres, le roi prouve clairement que toute idée d'arbitraire est bien éloignée de son cœur, puisqu'il s'est ôté la faculté d'exécuter la moindre chose sans le concours des deux pouvoirs ; en effet, ne pouvant établir aucun impôt sans les chambres, il démontre bien son intention de ne rien faire sans elles.

Art. 49. « L'impôt foncier n'est consenti « que pour un an ; les impositions indirectes « peuvent l'être pour plusieurs années. »

Il y a dans cet article un point qui demanderait à être éclairci ; il dit que le vote de l'impôt foncier doit être renouvelé tous les ans, et que celui des contributions indirectes peut servir pour plusieurs années.

Mais les contributions mobilières, et celles des patentes et des portes et fenêtres, dans quelle espèce doivent elles être classées ? Elles ne sont ni foncières ni indirectes, et si le gouvernement voulait profiter du bénéfice de l'article 49 pour proposer aux chambres de voter les contributions indirectes pour plus d'une année, il y aurait incertitude et ambiguité pour les trois impositions dont je viens de parler.

Art. 50. « Le roi convoque chaque année « les deux chambres ; il les proroge, et peut « dissoudre celle des députés des départe- « mens, mais dans ce cas, il doit en convo- « quer une nouvelle dans le délai de trois « mois.

Cet article, du bénéfice duquel le roi a usé, lorsqu'il a dissous une fois la chambre des députés, a été religieusement observé par lui, puisqu'il en a convoqué une autre dans le délai prescrit.

ART. 51. « Aucune contrainte par corps ne « peut être exercée contre un membre de la « chambre durant la session et dans les six « semaines qui l'auront précédée ou suivie. »

Le roi prouve clairement par cet article de combien de liberté il veut que les membres de la chambre soient entourés, en rendant leurs personnes inviolables comme celles des tribuns du peuple sous la république romaine.

ART. 52. « Aucun membre de la chambre « ne peut, pendant la durée de la session, « être poursuivi ni arrêté en matière crimi- « nelle, sauf le cas de flagrant délit, qu'après « que la chambre a permis sa poursuite. »

Cet article est un grand garant de l'inviolabilité des députés, puisqu'un membre de la chambre ne peut être poursuivi en matière criminelle que lorsque la chambre a permis sa poursuite, le cas de flagrant délit excepté.

Mais tout en donnant aux mandataires du peuple l'indépendance et la liberté nécessaires pour remplir en leur ame et conscience les fonctions auxquelles ils sont appelés, cet article les met-il pour cela à l'abri des recherches du gouvernement s'ils cherchaient à en détruire les fondemens, et ne pourrait-on pas, sans violer la charte, mettre en jugement un député qui non seulement se trouverait coopérer à une révolte quelconque, mais qui même sans y participer personnellement, la provoquerait et la prêcherait à la tribune? Les hommes instruits qui excitent à la rébellion sont-ils moins coupables que les ignorans qui l'exécutent, et doit-on avoir moins d'horreur pour les hommes qui armèrent le bras de Jacques Clément que pour ce fanatique lui-même qui croyait s'ouvrir les portes du paradis en assassinant Henri III?

Je pourrais trouver bien plus près de nous un exemple effrayant de l'effet des discours et des écrits séditieux ; mais il faudrait rouvrir des plaies qui saignent encore, et j'ai mieux aimé aller chercher un exemple dans les pages éloignées de l'histoire.

Il n'est pas douteux que l'homme qui provoque et approuve la révolte en est moralement complice, et doit être traité comme tel ; maintenant il reste à juger si ceux qui ont dit, que ce n'était qu'*avec répugnance qu'on avait vu les bourbons en France*, et que *l'insurrection était le plus saint des devoirs ;* reste à savoir, dis-je, si ces hommes ne se sont pas exposés à recevoir l'application de l'article 52 de la charte.

Art. 53. « Toute pétition à l'une ou l'autre « chambre ne peut être faite et présentée « que par écrit, la loi interdit d'en apporter « en présence à la barre. »

Cet article est strictement exécuté, et le gouvernement ne saurait trop y tenir la main ; nous avons bien assez du scandale que causent certaines pétitions par les discours dont elles deviennent l'objet , et quelquefois même par leur seule contexture.

DES MINISTRES.

Art. 54. « Les ministres peuvent être mem-
« bres de la chambre des pairs ou de la
« chambre des députés ; ils ont en outre leur
« entrée dans l'une ou l'autre chambre et
« doivent être entendus quand ils le deman-
« dent. »

La monarchie française se composant de trois pouvoirs , qui tous tendent au même bùt , le perfectionnement de l'administration , et le bien-être du peuple , il est naturel que le roi puisse choisir les ministres dans l'une ou l'autre chambre.

Quant à leur entrée aux chambres et au droit qu'ils ont de se faire entendre , ce n'est qu'une suite toute simple de la nature de leurs fonctions, quoiqu'on veuille souvent le leur disputer.

Art. 55. La chambre des députés a le droit
« d'accuser les ministres et de les traduire
« devant la chambre des pairs , qui seule a
« celui de les juger.

Cet article , dont nous avons failli voir l'exécution à une époque qui nous rappelle de bien tristes souvenirs, est un gage bien important donné à la nation française ; et le roi ne pouvait pas prendre une mesure plus efficace , pour empêcher les dépositaires du pouvoir d'abuser de sa confiance , que de permettre aux mandataires du peuple d'accuser les ministres et de les citer devant l'assemblée la plus redoutable pour des coupables , la chambre des pairs.

Art. 56. « Ils ne peuvent être accusés que « pour faits de concussion ou de trahison ; « des lois particulières spécifieront cette na- « ture de délits et en détermineront la pour- « suite. »

La personne du roi étant inviolable et sacrée, les ministres ne pourraient être accusés pour des faits qui émaneraient de l'autorité souveraine ; ils ne peuvent l'être que pour leurs fautes personnelles , et c'est pour cela que l'article 56 de la charte n'admet la possibilité de mettre un ministre en accusation que lorsqu'il est un traître et un concussionnaire , et qu'il a abusé de la confiance du souverain ; c'est encore un article de la charte que les libéraux n'observent pas exactement ; car si l'on les écoutait, on accuserait bien souvent les ministres pour des faits qui ne sont pas du nombre de ceux prévus par l'article 56 de la charte.

DE L'ORDRE JUDICIAIRE.

Art. 57. « Toute justice émane du roi, elle « s'administre en son nom par des juges qu'il « nomme et qu'il institue. »

Le roi s'étant réservé la puissance exécutive, il est tout naturel que la justice se rende en son nom , et cet article de la charte ne pourrait pas ne pas être strictement observé.

Art. 58. « Les juges nommés par le roi sont
« inamovibles. »

Cet article est peut-être celui de toute la charte
le plus difficile à ne pas violer, s'il était rigoureu-
sement exécuté, il s'en suivrait qu'un juge ne
pourrait pas perdre sa place, sans qu'il y eût matière à faire son procès et sans qu'on le lui fît ef-
fectivement ; mais les intrigues de bureau, les
changemens de système, mille menées sourdes
enfin que le roi ne peut ni découvrir ni punir,
trompent ses intentions, et tel juge paraît donner
sa démission qui peut-être y a été forcé.

Art. 59. « Les cours et tribunaux ordinaires
« actuellement existans sont maintenus ; il n'y
« sera rien changé qu'en vertu d'une loi. »

Art. 60. « L'institution actuelle des juges de
« commerce est conservée. »

Ces deux articles ne sont uniquement que des
affaires de réglement et ne sont pas susceptibles
d'être violés.

Art. 61. « La justice de paix est également
« conservée ; les juges de paix quoique nom-
« més par le roi, ne sont pas inamovibles. »

Cet article est encore fidèlement exécuté ; les
justices de paix sont conservées telles qu'elles
étaient sous l'ancien gouvernement, seulement
on exige maintenant dans un juge de paix qu'il
ait fait son droit, et ait par conséquent la connaissance des affaires, et cette précaution ne peut
que tourner à l'avantage de la justice.

Art. 62. « Nul ne pourra être distrait de ses « juges naturels. »

Cet article est religieusement observé , et dans les temps de désordre qui se sont écoulés depuis le rétablissement de la monarchie , le roi n'a pas souffert la moindre infraction à cet article.

Des circonstances majeures peuvent pourtant forcer le souverain à violer cet article, sans pour cela violer la charte ; en effet, lorsqu'en 1815 le roi mit hors la loi Buonaparte et ses adhérens , il ne vint dans l'idée de personne de prétendre que l'article 62 était violé.

Art. 63. « Il ne pourra en conséquence être « créé de commissions et de tribunaux ex-« traordinaires ; ne sont pas comprises sous « cette dénomination les juridictions prévô-« tales si leur rétablissement est jugé néces-« saire. »

Le gouvernement n'a jamais enfreint cet article, car en instituant les cours prévôtales, il n'a usé que du droit que lui donnait l'art. 63 de la charte; il eût été heureux qu'on eût jugé leur maintien plus long-temps nécessaire, leur existence nous aurait peut-être évité de grands maux.

Art. 64. « Les débats seront publics en ma-« tière criminelle, à moins que cette publi-« cité ne soit dangereuse pour l'ordre et les « mœurs , et dans ce cas , le tribunal le dé-« clare par un jugement. »

C'est avec raison que le roi a ordonné par cet article que les affaires scandaleuses, sous les rapports moraux et politiques, se traitassent à huis-clos; et pourtant il serait moins dangereux de rendre publique la punition du crime ou de la révolte, que de permettre à la tribune l'apologie de l'insurrection.

Art. 65. « L'institution des jurés est conser-« vée, les changemens qu'une plus longue « expérience ferait juger nécessaires, ne peu-« vent être effectués que par une loi. »

Nous voici arrivés à cette grande question qui agite depuis long-temps les partis, les jurés offrent-ils une garantie convenable pour juger les délits politiques? Je pense que non, et je vais tâcher de le démontrer.

Dans l'état de civilisation, il y a deux classes de crimes, si je puis m'exprimer ainsi; ceux qui sont dirigés contre les personnes et les propriétés particulières, qui doivent être de la compétence du jury, et que j'appellerai *crimes positifs;*

Et ceux qui sont dirigés contre le gouvernement et contre la chose publique, qui ne peuvent, selon moi, être soumis au jury, et que j'appellerai *crimes relatifs.*

En effet, qu'un homme ait assassiné son semblable sur un grand chemin, la justice n'épargnera pas ce scélérat, et quelle que soit la dissidence des jurés sur leurs opinions politiques, ils seront tous d'accord pour condamner l'assassin à mort, parce que l'action dont il est coupable est un crime pour tous les hommes, d'après les lois de la civilisation et de la nature humaine.

Mais si l'homme, qui paraît devant le tribunal,

est accusé d'avoir voulu renverser la monarchie pour rétablir la république ou tout autre gouvernement, l'unanimité n'existe plus entre les jurés, parce que ce crime étant ce que j'appelle relatif, l'accusé ne paraît coupable qu'autant qu'on ne pense pas comme lui ; l'on m'objectera, je le sais, que les jurés, en entrant dans le sanctuaire de la justice, mettent de côté leurs opinions personnelles, et ne jugent que d'après les lois, mais je prétends qu'ils ne le font pas, et que même ils ne le peuvent pas, parce que, avant d'être jurés, ils sont hommes, qu'il est dans la nature de l'homme de se laisser conduire ou tromper par ses passions.

Je suppose qu'un homme soit traduit à la cour d'assises pour avoir voulu faire monter au trône de France le fils de Buonaparte, et que le sort désigne pour le juger des hommes qui désirent, comme l'accusé lui-même, le retour de la famille de l'usurpateur ; croyez-vous que le jury le condamnera ? Non certes, il ne le pourra pas, quand même les hommes qui le composent auraient la ferme intention d'exécuter fidèlement leur mandat ; et plus ils seront honnêtes gens, moins ils le condamneront.

Jugeons des autres par nous-mêmes ; si du temps de la république, ou sous l'empire, on eût traduit devant un jury composé de royalistes, un homme prévenu d'avoir voulu renverser le gouvernement existant pour ramener les Bourbons en France, ces royalistes auraient-ils trouvé au fond de leur cœur la conviction de son crime, et les jurés jugeant moins d'après les lois que d'après leur conscience, auraient-ils pu déclarer

coupable, un homme dont ils partageaient l'opinion et dont ils auraient secondé l'entreprise ?

Ne croyons donc pas qu'un homme puisse maî-
triser les impulsions de son cœur, au point de
pouvoir peser sans partialité et sans passion des
faits où ces mêmes passions prennent une part si
active.

Si le hasard donnait pour juges, à un accusé
pour délits politiques, des hommes dont l'opinion
serait diamétralement opposée à la sienne, si un
libéral, par exemple, prévenu d'avoir fait une
conspiration contre le gouvernement, ou même,
d'avoir seulement publié des écrits séditieux, était
traduit devant un jury composé de tous royalistes, il y a à parier que le maximum de la peine
serait prononcé ; non pas que je prétende que les
jurés abuseraient de leurs fonctions pour accabler
un de leurs adversaires, loin de moi une telle
pensée ; mais un royaliste pensant en son âme et
conscience qu'être ennemi du roi est un grand
crime, il ne peut nécessairement qu'infliger une
peine sévère à l'homme qu'il a à juger, qui se serait rendu coupable de quelque tentative contre
la monarchie.

Je regarde donc comme dangereux que le jury
connaisse des délits politiques, comme mettant
les hommes dans le cas de satisfaire leurs passions ou de se laisser tromper par elles, ce qui,
sous l'un et l'autre rapport, ne peut tourner qu'au
détriment des accusés.

L'on m'objectera que des juges, quels qu'ils
soient, ont aussi leurs opinions politiques, et

qu'alors on tombe avec eux dans le même inconvénient qu'avec les jurés.

Non certes, la position n'est plus la même, un juge, à force de siéger à son tribunal et de distribuer les peines aux nombreux coupables sur lesquels il a journellement à prononcer, contracte cette espèce d'impassibilité que donne l'habitude et qui le rend nécessairement moins passionné que l'homme du monde, qui juge depuis vingt-quatre heures seulement, se laisse entraîner par l'éloquence des avocats contre lesquels il n'est pas en garde et apporte au tribunal toutes les impressions qu'il a reçues la veille dans son salon, quelle qu'en soit la nature.

Ajoutez à cela que le jury expose le gouvernement à voir les coupables acquittés par leurs complices, au lieu qu'en ne soumettant les délits politiques qu'à des juges nommés spécialement par le roi, et par conséquent dévoués à sa personne et à la monarchie, les ennemis du trône n'oseront pas déployer la criminelle audace qu'ils font paraître aux yeux de la France, et se réduiront au silence, sûrs une fois d'être atteints du châtiment qu'ils méritent.

Espérons donc que le roi changera l'institution du jury, et profitera de la latitude que lui donne l'art. 65 de la charte.

Art. 66. « La peine de la confiscation des « biens est abolie et ne pourra pas être réta-« blie. »

Cette peine, qui ne pourrait exister que sous un gouvernement révolutionnaire, devait nécessairement être supprimée sous la monarchie paternelle des Bourbons ; et tant que cette auguste famille régnera sur la France, nous n'avons pas à en craindre le rétablissement. Pour se pénétrer encore mieux de la bonté du roi, il suffit de réfléchir à quelle époque il a aboli la confiscation, en 1815 surtout ; c'est dans un temps où les ennemis du gouvernement royal, les traîtres enfin, avaient ramené Buonaparte en France, et causé par suite le malheur de la patrie en nécessitant une seconde et ruineuse invasion.

Les fortunes injustement acquises que possédaient ces hommes coupables, représentaient au moins le capital de la somme énorme due aux alliés ; il eût été peut-être juste de faire supporter ces charges à ceux qui avaient causé le mal ; mais le moyen de la confiscation répugnait au cœur du roi, et il n'a pu prendre sur lui de s'en servir.

Que l'on n'objecte pas que la charte étant antérieure aux cent jours, on n'aurait pu confisquer les biens au 6 juillet 1815 sans la violer.

La charte n'existait plus du moment où Buonaparte était rentré en France ; et ce pacte constitutionnel ayant été violé par la trahison, il n'était plus obligatoire pour le roi.

Art. 67. « Le roi a le droit de faire grâce et « celui de commuer la peine. »

Cet article par lequel le roi s'est réservé le plus beau droit de la puissance royale, celui de faire grâce, est un vrai bonheur pour la France, puisqu'il le met à même de faire sentir aux coupables repentans les effets de son inépuisable clémence.

ART. 68. « Le code civil, et les lois actuelle-
« ment existantes qui ne sont pas contraires
« à la présente charte, restent en vigueur,
« jusqu'à ce qu'il y soit légalement dérogé. »

Cet article n'est susceptible d'aucune violation, puisqu'il laisse au roi toute la latitude nécessaire pour changer les codes existans, en suivant, afin d'y parvenir, la marche voulue par la charte.

DROITS PARTICULIERS GARANTIS
PAR L'ÉTAT.

ART. 69. « Les militaires en activité de ser-
« vice, les officiers et soldats en retraite, les
« veuves, les officiers et les soldats pension-
« nés conserveront leurs grades et pensions.»

Cet article est exécuté avec une exactitude qui fait le plus grand honneur au roi et à son gouvernement; et la malveillance elle-même, quelque envenimée qu'elle soit, ne pourra disconvenir que les militaires qui ont combattu dans la Vendée pour la cause royale, ne sont pas mieux traités que ceux qui ont servi sous les drapeaux de Buonaparte. Le roi, en arrivant en France, en a regardé tous les habitans comme ses enfans; et n'importe sous quels étendards ils se fussent rangés, il a suffi que des militaires eussent bien mérité de leur patrie, et l'eussent défendue glorieusement, pour qu'ils eussent des titres à sa bienveillance et à son estime; et d'ailleurs n'a-t-il pas adopté la gloire française ? N'a-t-il pas donné aux actions héroïques de nos soldats depuis la révolution, la légitimité qui leur manquait, en faisant partir son règne du jour même où l'ordre de la succession l'appelait au trône ? Pouvait-on commander l'oubli du passé d'une manière plus noble et plus franche, qu'en paraissant prendre sous sa responsabilité tout ce qui s'était fait pendant son absence. Le roi, en bon père de famille, a couvert de son manteau royal les erreurs de ses enfans ; notre devoir maintenant est de répondre à ses généreuses intentions et de nous montrer comme un peuple de frères, puisqu'il témoigne pour nous les sentimens d'un père.

Art. 70. « La dette publique est garantie ; « toute espèce d'engagement pris par l'état « avec ses créanciers est inviolable. »

Il n'appartient qu'à un roi légitime de prendre en montant au trône des engagemens aussi respectables ; un soldat de fortune n'aurait pas certainement grevé son règne des dettes contractées par le règne précédent, mais le cœur et les intentions d'un roi de France sont tout autres que celles d'un usurpateur, et la justice est le seul point où tendent toujours ses vues.

Dans quelle circonstance le roi a-t-il pris le sceptre de France ? si les ennemis de son gouvernement y réfléchissaient, ils rougiraient eux-mêmes de leurs honteuses attaques ; jetons un coup d'œil sur le tableau qu'offrait la France en 1814, sur ce qu'elle a souffert depuis, et sur son état actuel.

Lorsque Louis XVIII est remonté sur le trône de ses ancêtres, notre sol était envahi par l'Europe entière, qui avait de cruelles représailles à exercer contre nous; le roi paraît, il vient se mettre entre son peuple et les ennemis, et tout est oublié; nos monumens, notre territoire sont respectés, et les étrangers, en se retirant de notre pays, permettent au roi de faire sentir à son peuple les effets de sa domination paternelle.

Les plaies de la guerre étaient à peine fermées, que la trahison ramène l'usurpateur parmi nous, et avec lui, tous les maux viennent fondre sur notre patrie; après une lutte de cent jours qui, malgré sa courte durée, a suffi à Buonaparte pour dévorer des millions et détruire notre armée, le roi revient encore se mettre entre son peuple et les étrangers irrités, et obtient une seconde fois l'intégralité de notre territoire.

Dans quelle position se trouvait alors le roi? Il avait une somme effrayante à payer aux alliés, l'état était surchargé de dettes contractées par le gouvernement de l'usurpateur, l'armée était anéantie, le matériel perdu, tout enfin était à faire, et l'on n'avait aucune ressource; pour comble de maux, une année malheureuse, et plus encore les intrigues des malveillans, viennent aggraver les malheurs du peuple en portant les vivres, et le pain surtout, à un prix exorbitan

Tout autre qu'un Bourbon eût été effrayé de tant de calamités accumulées; tout autre eût désespéré de pouvoir jamais y remédier, mais ce n'était pas d'un fils de Henri IV d'abandonner son peuple dans le malheur ; son devoir et son cœur lui commandaient de sauver l'état ou de succomber avec lui, et ses généreux efforts, secondés par la confiance de ses sujets dans son amour et ses lumières, ont été couronnés des plus brillans succès.

Aujourd'hui notre matériel est dans un état respectable, notre armée organisée, la dette de l'état presque amortie, les dettes de l'ancien gouvernement payées, les contributions diminuées, et notre situation financière la plus brillante de l'Europe, on peut en juger par la hausse de nos fonds.

Voilà ce que le roi a fait pour nous, et ce que lui seul pouvait faire, tout autre n'eût pas obtenu l'intégralité de notre sol, et en supposant que quelques souverains étrangers eussent tenu à ce que la France existât toujours pour le maintien de l'équilibre politique, si leur choix fût tombé sur tout autre qu'un Bourbon, celui qu'ils auraient nommé eût été chassé du trône en 1816, à l'époque où la France était accablée de charges, et manquait en outre de pain.

Il n'y avait que le respect que tout vrai Français trouve dans le fond de son cœur pour la légitimité, que la confiance que le peuple avait dans la personne du roi qui ont pu lui faire supporter tant de maux réunis.

ART. 71. « La noblesse ancienne reprend « ses titres, la nouvelle conserve les siens, « le roi fait des nobles à volonté, mais il ne « leur accorde que des rangs et des honneurs

« sans aucune exemption des charges et des
« devoirs de la société. »

D'après cet article de la charte, qui d'ailleurs
est fidèlement exécuté, il est clairement démontré que l'ancienne noblesse n'est pas plus favo-
risée que la nouvelle, et que toutes deux doivent
également contribuer aux charges de l'état dans
la proportion respective de chaque individu.

Puisque l'ancienne noblesse n'a reçu aucune fa-
veur distinctive, pourquoi donc les libéraux sont-
ils toujours acharnés après elle, que leur a-t-elle
donc fait pour mériter leur haine ? serait-ce par
hasard parce qu'ils ont repris leurs titres ; mais
c'était de toute justice ; ce ne peut donc être que
pour opinions politiques, et cette haine est sûre-
ment basée sur le dévouement de l'ancienne noblesse à son souverain ; mais que les libéraux y
prennent garde, ils verront qu'ils peuvent frapper
également de leur inimitié une grande partie de
la nouvelle noblesse, qui a adopté pour son roi
tous les sentimens de l'ancienne.

Art. 72. « La légion d'honneur est mainte-
« nue ; le roi déterminera les réglemens inté-
« rieurs de la décoration. »

Le roi ayant adopté la gloire des braves, en a
maintenu également les récompenses, et a con-
servé la légion d'honneur, l'effigie que porte aujourd'hui la décoration, prouve bien que cet ordre est institué pour être le prix du courage,
puisqu'elle représente un des plus valeureux de
nos rois.

Art. 73. « Les colonies seront régies par
« des lois et des réglemens particuliers. »

Cet article étant un simple réglement, n'est
susceptible d'aucune violation.

Art. 74. « Le roi et ses successeurs jureront
« dans la solennité de leur sacre, d'observer
« fidèlement la présente charte constitution-
« nelle. »

Pour le maintien de la charte, le roi a donné
pour clause obligatoire à ses successeurs, de ju-
rer, le jour de leur sacre, de fidèlement l'exécuter, et lui-même s'est soumis à la même condition.

Il ne faut pas cependant conclure que de ce
que le roi n'a pas encore été sacré, il s'en suive
que la charte ne soit pas pour lui un engagement
sacré; elle est son ouvrage, il en a jugé la nécessité, et il n'a pas besoin d'être lié par le serment
pour fidèlement l'exécuter ; il s'est soumis à cette
règle pour donner l'exemple à ses successeurs ,
en leur faisant voir l'auteur de la charte lui-même,
prêtant le premier le serment de fidèlement l'observer, le jour de la solennité de son sacre.

———————

Voilà cette charte qui est, dit-on, violée sur tous
les points par le gouvernement ; nous en avons
parcouru tous les articles séparément ; et au lieu
d'une destruction totale, nous n'en avons pas
trouvé un seul qui ne fût régulièrement exécuté,

et plusieurs au contraire enfreints par les libéraux ,
qui se déclarent pourtant ses intrépides défenseurs,
et ne manifestent d'autre crainte que de voir la
charte oubliée un instant ; mais il y a dans cette
même charte une autre chose qui blesse beaucoup
leur amour-propre et qui va être le sujet de quelques réflexions.

Un des grands griefs des libéraux , c'est le
libellé de l'intitulé de la charte ; ils ont été fort
scandalisés que le roi en la promulguant se soit
exprimé ainsi à la suite de ses considérans.

« A ces causes , nous avons volontairement,
« et par le libre exercice de notre autorité
« royale , accordé et accordons, fait conces-
« sion et octroi à nos sujets, tant pour nous
« que pour nos successeurs et à toujours de
« la charte constitutionnelle qui suit :

A entendre le parti révolutionnaire , le roi n'aurait pas été le maître de ne pas accorder la charte ;
et il paraîtrait , suivant eux , que ce n'est qu'à cette
condition qu'il serait monté sur le trône.

Ceux qui pensent ou qui disent que le roi s'est
trouvé dans cette alternative , lors de son retour
en France , sont , ou de bien mauvaise foi , ou bien
dans l'erreur ; qu'était donc le roi pour recevoir
ainsi la loi des libéraux ? Était-il un enfant de la
révolution ? était-il coupable de quelque crime
qui l'eût mis sous la dépendance des anarchistes ?
et ces hommes déhontés regardaient-ils le sang
des Bourbons , dont ils étaient couverts , comme
un titre pour dicter des lois aux restes de cette

même famille ? c'eût été un spectacle nouveau pour le genre humain de voir un roi légitime rentrant dans ses états, transiger avec les factieux qui avaient renversé son trône, et recevoir des lois d'hommes dont il avait à punir les crimes?

Louis XVIII, en donnant une constitution à la France, s'est sagement conformé à l'esprit du siècle et à la force des choses; mais il n'a pas cédé à la force des hommes, parce que de tous les Français il était moralement le plus fort, étant le seul qui fût dans une position juste, au lieu que les autres n'étaient que dans une position fausse.

Lisons attentivement les considérans du roi qui précèdent les articles de la charte, et nous y verrons clairement, qu'en donnant cette même charte à son peuple, il a suivi l'impulsion des temps et non pas celle des hommes; c'est pour suivre l'exemple de Louis-le-Gros, de Saint-Louis, de Louis XII et de ses autres prédécesseurs, de glorieuse mémoire, qu'il a étendu les pouvoirs et les droits du peuple dans la proportion du progrès des lumière.

Tout en faisant participer la nation au pouvoir souverain, le roi s'est néanmoins sagement réservé toutes les prérogatives de la couronne; et c'est en effet le seul moyen de donner à la monarchie la stabilité et l'influence qui lui sont nécessaires pour le bonheur des peuples; car, comme il l'observe lui-même, *quand la violence arrache des concessions à la faiblesse des gouvernemens, la liberté publique n'est pas moins en danger que le trône même.* Ce qui s'est passé en France lors de la révolution, et ce qui se passe aujourd'hui en Espagne, confirme d'une manière irrécusable ce que le roi a avancé dans ce paragraphe.

Louis XVIII, en nous accordant la charte, nous déclare que son intention est de *renouer la chaîne des temps, que de funestes écarts avaient interrompue, et qu'il a effacé de son souvenir comme il voudrait qu'on pût effacer de l'histoire les maux qui ont affligé la patrie durant son absence.* Il nous exhorte ensuite à vivre en frères, et à tirer le rideau de l'oubli sur les souvenirs amers du passé.

Si les libéraux sont aussi partisans de la charte qu'ils l'annoncent par leurs discours et leurs écrits, ils devraient s'empresser de répondre un peu mieux qu'ils ne le font aux vues bienfaisantes du roi ; mais je crois qu'ils les ont mal comprises.

Ils prétendent par-là que le roi a voulu dire que l'on devait oublier les crimes de certains individus ; mais que cette indulgence royale étant pour ces hommes seuls, elle ne pouvait s'étendre sur les fautes même les plus légères d'autres individus.

Il résulte de cette fausse interprétation que les libéraux accusent journellement les intentions des royalistes et leur imputent les projets les plus noirs, et quand on les terrasse, en opposant à leurs conjectures peu fondées, les faits malheureusement trop réels dont ils sont coupables, ils prétendent qu'on ne respecte pas les intentions du roi qui a prêché l'union et l'oubli.

Mais en prêchant l'oubli des crimes passés, le

souverain pouvait-il croire que les coupables ne seconderaient pas sa clémence, en s'enveloppant dans un silence absolu ; lui était-il possible de prévoir qu'ils se feraient distinguer par leur insolence et leur ardeur à relever impitoyablement la moindre faute quand ils ont des antécédens si graves à se reprocher ?

Il est tout naturel alors que les hommes, dont la conscience est pure, voyant les coupables déployer tant d'arrogance, n'aient pu se défendre de dire de terribles vérités, et (chose qui paraît incroyable au premier abord) ce sont les coupables amnistiés qui ont violé la charte, dans l'article même qui mettait leurs crimes dans l'oubli.

J'espère avoir démontré que ce ne sont pas les royalistes qui ont violé la charte, mais bien les libéraux qui s'en déclarent pourtant les ardens défenseurs ; les infractions qui y ont été faites sont l'ouvrage des enfans de la révolution, dont les vues ne sont autres que son entière destruction, ainsi que le renversement de la monarchie légitime.

Et cependant, qu'ont donc fait les Bourbons, à ces hommes que rien ne peut ramener ? Quelles représailles, quelles punitions, quelles menaces peuvent entretenir leurs craintes et leurs haines? c'est donc leur propre conscience qui ne leur permet pas de se pardonner à eux-mêmes, comme le roi l'a fait d'une manière si franche et si loyale.

Quelle garantie peut donc les rassurer, puisque

la charte elle-même ne leur donne pas une pleine
et entière sécurité ? Cependant les promesses du
souverain sont d'autant plus solennelles et inviolables, qu'il ne les a données que par l'effet
de sa propre volonté. La charte enfin, pour qui
est-elle un gage d'oubli et de tranquillité ? est-ce
pour nous autres royalistes ? en avions-nous besoin ? demandions - nous aux Bourbons une
constitution ? exigions-nous cette condition pour
leur rendre le trône de leurs pères ? Non certes ;
de telles pensées étaient bien loin de nos cœurs ;
un pareil acte nous était fort inutile ; connaissant
le cœur des Bourbons, nous les eussions revus
avec les mêmes transports, quand ils auraient
rétabli la monarchie telle qu'elle était avant la
révolution ; et en effet, que gagnent les royalistes
à la charte ? Elle sanctionne la ruine de beaucoup
d'entre eux ; elle leur donne, pour compétiteurs
aux emplois, la foule immense des enfans de
la révolution, qui, par leurs lumières et leurs
moyens, sont en état d'occuper toutes les places,
elle leur fait enfin du mal sous plusieurs rapports
et du bien sous aucun.

Mais tout en apercevant ce que la charte con-
tenait de désavantageux pour leurs intérêts per-
sonnels, les royalistes ont applaudi aux vues
sages du roi, parce qu'ils ont pénétré ses vues
conciliatrices, et qu'ils ont jugé comme lui,
qu'une injustice, consolidée par trente ans de
possession, était impossible à réparer ; mais s'ils
ont fait avec joie ces sacrifices pour le bien-être
général, combien doivent-ils être indignés, en

voyant les hommes qui jouissent tranquillement sous le roi de ce qu'ils ont usurpé pendant la révolution, être les plus acharnés à attaquer le gouvernement.

Mais il faut nous arrêter, car si nous voulions faire un tableau de tous nos griefs contre les libéraux, et rechercher tous les sujets de plainte qu'ils ont donnés à la monarchie, nous en formerions une liste effrayante par son étendue; respectons les intentions du roi, et enveloppons dans l'oubli les faits du parti anarchique, autant toutefois que notre indignation nous le permettra.

Remercions la Providence de nous avoir rendu le roi. Remercions le roi de tous ses généreux efforts pour le rétablissement de la concorde en France, et plaignons les libéraux qui sont assez malheureux pour ne pas voir dans la solennité de la charte une garantie suffisante pour leurs biens et leurs personnes.

Ce n'est pourtant pas pour d'autres que pour les enfans de la révolution, que le roi s'est engagé par un pacte obligatoire; s'il n'eût eu affaire qu'à des royalistes, il leur aurait dit simplement : Je suis un Bourbon, le frère de Louis XVI, et je remonte sur le trône de mes pères; et nous eussions applaudi avec transports, parce que le cœur du roi et ceux des royalistes s'entendent; mais comme il a bien jugé qu'il n'appartenait pas à l'autre parti de le comprendre, et que les libéraux ne seraient jamais tranquilles, tant que leur position politique ne serait consolidée que par une simple promesse , eux qui n'ont pas la moindre idée de ce qu'une parole , donnée sur l'honneur , peut avoir d'obligatoire , il a senti la nécessité de leur donner une garantie plus respectable à leurs yeux , et s'est , en conséquence , imposé lui-même la charte.

L'expérience nous a prouvé comme les libéraux ont répondu aux vues bienfaisantes et conciliatrices du roi.

FIN.

DE L'IMPRIMERIE DE D'HAUTEL.